Impressum
Verlag: BABADADA GmbH, Nedderfeld 112 , 22529 Hamburg
Geschäftsführer / Verlagsleitung: Harald Hof
Druck: Books on Demand GmbH, In de Tarpen 42, 22848 Norderstedt

Imprint
Publisher: BABADADA GmbH, Nedderfeld 112 , 22529 Hamburg, Germany
Managing Director / Publishing direction: Harald Hof
Print: Books on Demand GmbH, In de Tarpen 42, 22848 Norderstedt

σχολείο

школа

σχολική τάξη
учиона
διαιρώ
делити
186/2
πίνακας
плоча
σχολική αυλή
школско двориште
δάσκαλος
наставник
χαρτί
папир
γράφω
писати
στυλό
хемијска оловка
γραφείο
писаћи стол
χάρακας
лењир
βιβλίο
књига
μαθητής
ученик

σχολική τσάντα

торба

κασετίνα/ μολυβοθήκη

перница

μολύβι

графитна оловка

ξύστρα

шиљило за оловке

γόμα

гумица за брисање

μπλοκ ζωγραφικής

блок за цртање

ζωγραφική

цртеж

πινέλο

кист

κουτί χρωμάτων

кутија са бојама

ψαλίδι

маказе

κόλλα

лепило

τετράδιο ασκήσεων

бележница

εργασία για το σπίτι

домаћи задатак

αριθμός

број

προσθέτω

сабирати

αφαιρώ

одузимати

πολλαπλασιάζω

множити

υπολογίζω

рачунати

γράμμα

слово

αλφάβητο

абецеда

λέξη

реч

κείμενο
текст

διαβάζω
читати

κιμωλία
креда

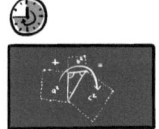

μάθημα
час

εγγράφομαι
дневник

τεστ
испит

πιστοποιητικό
сведочанство

μαθητική στολή
школска униформа

εκπαίδευση
образовање

εγκυκλοπαίδεια
лексикон

πανεπιστήμιο
универзитет

μικροσκόπιο
микроскоп

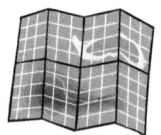

χάρτης
карта

καλάθι αχρήστων
кошара за папир

ταξίδι

путовање

ξενοδοχείο
хотел
ξενώνας
преноћиште
ανταλλακτήρια συναλλάγματος
мењачница
βαλίτσα
кофер
αυτοκίνητο
ауто

γλώσσα

језик

ναι / όχι

да / не

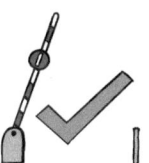

εντάξει

океј

γεια σου

здраво

μεταφραστής

преводилац

Ευχαριστώ

хвала

πόσο κάνει ;

Колико кошта...?

Δε καταλαβαίνω

не разумем

πρόβλημα

проблем

Καλησπέρα!

добро вече!

Καλημέρα!

Добро јутро!

Καληνύχτα!

Лаку ноћ!

Αντίο

довиђења

κατεύθυνση

смер

αποσκευές

пртљага

τσάντα

торба

σακίδιο πλάτης

руксак

καλεσμένος

гост

δωμάτιο

соба

υπνόσακος

врећа за спавање

σκηνή

шатор

τουριστικές πληροφορίες

туристичке информације

παραλία

плажа

πιστωτική κάρτα

кредитна картица

πρωινό

доручак

μεσημεριανό

ручак

δείπνο

вечера

εισιτήριο

карта за вожњу

ανελκυστήρας

лифт

γραμματόσημο

поштанска маркица

σύνορα

граница

τελωνείο

царина

πρεσβεία

амбасада

βίζα

виза

διαβατήριο

пасош

μεταφορά

транспорт

αεροπλάνο
авион
πλοίο
брод
πυροσβεστικό όχημα
ватрогасно возило
λεωφορείο
аутобус
φορτηγό
теретно возило
χανοκίνητο σκάφος
торни чамац
ποδήλατο
бицикл
αυτοκίνητο
ауто

φεριμπότ

трајект

βάρκα

чамац

μοτοσικλέτα

мотоцикл

περιπολικό

полицијски ауто

αγωνιστικό αυτοκίνητο

тркаћи ауто

ενοικιαζόμενο αυτοκίνητο

изнајмљено ауто

διαμοιρασμός αυτοκινήτων

делење аутомобила

γερανός

вучно возило

απορριμματοφόρο

возило за одвоз смећа

κινητήρας

мотор

καύσιμο

бензин

βενζινάδικο

бензинска станица

πινακίδα σήμανσης

саобраћајни знак

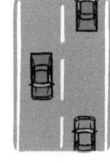

κυκλοφορία

саобраћај

κυκλοφοριακή συμφόρηση

застој

χώρος στάθμευσης

паркиралиште

σιδηροδρομικός σταθμός

железничка станица

σιδηροδρομικές γραμμές

шине

τρένο

воз

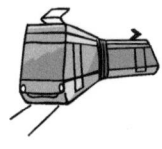

τραμ

трамвај

βαγόνι

вагон

ελικόπτερο

хеликоптер

αεροδρόμιο

аеродром

πύργος

кула

επιβάτης

путник

εμπορευματοκιβώτιο

контејнер

χαρτοκιβώτιο

картон

καρότσι

колица

καλάθι

корпа

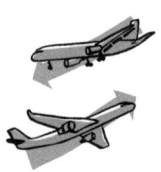

απογειώνομαι / προσγειόνομαι

узлетети / слетети

πόλη

град

χωριό

село

κέντρο της πόλης

центар града

σπίτι

кућа

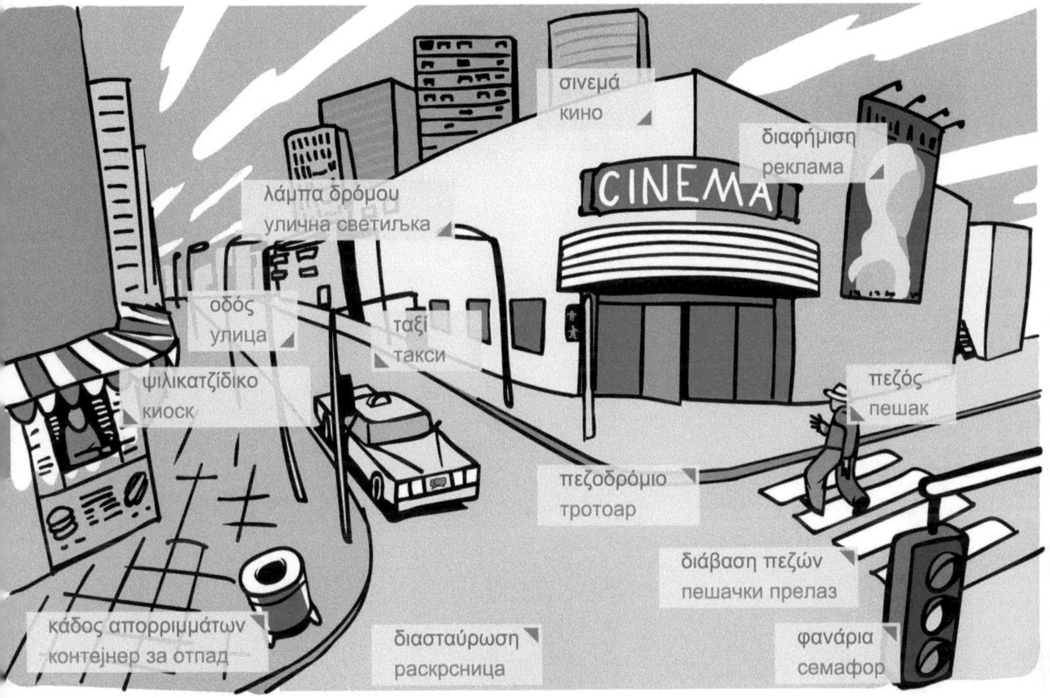

σινεμά
κινο

διαφήμιση
реклама

λάμπα δρόμου
улична светиљка

οδός
улица

ταξί
такси

CINEMA

ψιλικατζίδικο
киоск

πεζός
пешак

πεζοδρόμιο
тротоар

διάβαση πεζών
пешачки прелаз

κάδος απορριμμάτων
контејнер за отпад

διασταύρωση
раскрсница

φανάρια
семафор

καλύβα

колиба

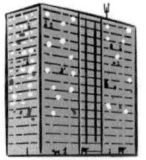

διαμέρισμα

стан

σιδηροδρομικός σταθμός

железничка станица

δημαρχείο

већница

μουσείο

музеј

σχολείο

школа

πανεπιστήμιο

университет

τράπεζα

банка

νοσοκομείο

болница

ξενοδοχείο

хотел

φαρμακείο

апотека

γραφείο

канцеларија

βιβλιοπωλείο

књижара

κατάστημα

продавница

ανθοπωλείο

цвећара

σούπερ μάρκετ

супермаркет

αγορά

трг

πολυκατάστημα

робна кућа

ιχθυοπωλείο

рибарница

εμπορικό κέντρο

трговачки центар

λιμάνι

лука

πάρκο

парк

παγκάκι

клупа

γέφυρα

мост

σκάλες

степенице

μετρό

подземна железница

τούνελ

тунел

στάση λεωφορείου

аутобуска станица

μπαρ

бар

εστιατόριο

ресторан

γραμματοκιβώτιο

поштанско сандуче

πινακίδα δρόμου

улични знак

παρκόμετρο

паркирни аутомат

ζωολογικός κήπος

зоолошки врт

πισίνα

базен

τζαμί

џамија

αγρόκτημα

сеоско газдинство

ρύπανση

загађење околине

νεκροταφείο

гробље

εκκλησία

црква

παιδική χαρά

игралиште

ναός

храм

τοπίο

пејсаж

φύλλο
лист
πινακίδα κατεύθυνσης
путоказ
δρόμος
пут
λιβάδι
ливада
πέτρα
камен
δέντρο
дрво
πεζοπόρος
шетач
ποτάμι
река
χορτάρι
трава
λουλούδι
цвет

κοιλάδα

долина

λόφος

планина

λίμνη

језеро

δάσος

шума

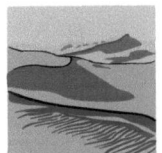

έρημος

пустиња

ηφαίστειο

вулкан

κάστρο

дворац

ουράνιο τόξο

дуга

μανιτάρι

гљива

φοίνικας

палма

κουνούπι

москито

μύγα

мува

μυρμήγκι

мрав

μέλισσα

пчела

αράχνη

паук

τοπίο - пејсаж

σκαθάρι

буба

βάτραχος

жаба

σκίουρος

веверица

σκαντζόχοιρος

јеж

λαγός

зец

κουκουβάγια

сова

πουλί

птица

κύκνος

лабуд

αγριογούρουνο

дивља свиња

ελάφι

јелен

άλκη

лос

φράγμα

насип

ανεμογεννήτρια

ветрењача

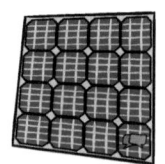

ηλιακός συλλέκτης

соларна плоча

κλίμα

клима

εστιατόριο
ресторан

σερβιτόρος
конобар
κατάλογος
јеловник
καρέκλα
столица
σούπα
супа
πίτσα
пица
τραπεζομάντιλο
μαχαιροπίρουνα
прибор за јело

ορεκτικό
предјело

κύριο πιάτο
главно јело

επιδόρπιο
десерт

ποτά
напитци

φαγητό
јело

μπουκάλι
флаша

φαστ φουντ

брза храна

φαγητό στ' όρθιο

имбис храна

τσαγιέρα

чајник

δοχείο ζάχαρης

доза за шећер

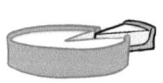

μερίδα

порција

μηχανή εσπρέσο

апарат за еспресо

ψηλή καρέκλα

висока столица

λογαριασμός

рачун

δίσκος

послужавник

μαχαίρι

нож

πιρούνι

виљушка

κουτάλι

кашика

κουταλάκι του τσαγιού

чајна кашика

πετσέτα φαγητού

салвета

ποτήρι

чаша

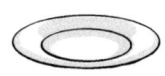

πιάτο

тањир

πιάτο σούπας

тањир за супу

πιατάκι φλιτζανιού

тањирић

σάλτσα

сос

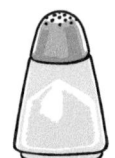

αλατιέρα

сољенка

μύλος για πιπέρι

млин за бибер

ξύδι

сирће

λάδι

уље

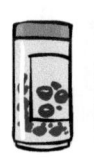

μπαχαρικά

зачини

κέτσαπ

кечап

μουστάρδα

сенф

μαγιονέζα

мајонеза

σούπερ μάρκετ

супермаркет

προσφορά
понуда
πελάτης
купац
γαλακτοκομικά προϊόντα
млечни производи
φρούτα
воће
καρότσι για ψώνια
колица за куповину

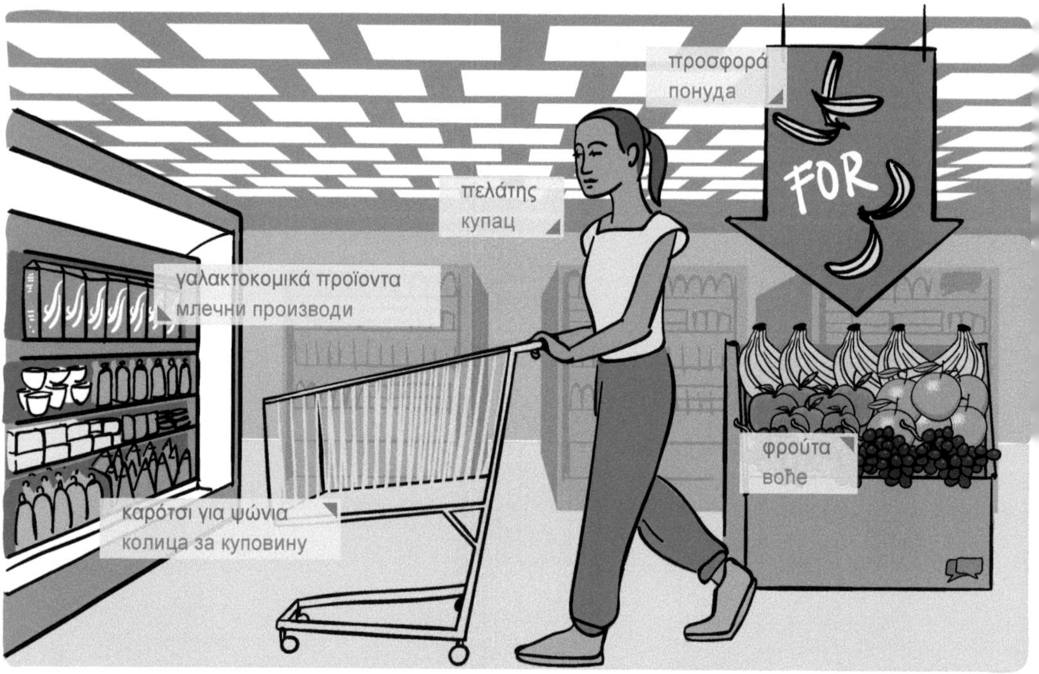

κρεοπωλείο

месница

φούρνος

пекара

ζυγίζω

вагати

λαχανικά

поврће

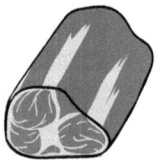

κρέας

месо

κατεψυγμένα τρόφιμα

смрзнута храна

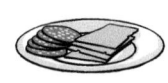

αλλαντικά

нарезак

κονσερβοποιημένη τροφή

конзерве

απορρυπαντικό ρούχων

средство за прање

γλυκά

слаткиши

οικιακά είδη

артикли за домаћинство

καθαριστικά προϊόντα

средства за чишћење

πωλήτρια

продавачица

ταμείο

благајна

ταμίας

благајник

λίστα για ψώνια

листа за куповину

ωράριο λειτουργίας

време рада

πορτοφόλι

новчаник

πιστωτική κάρτα

кредитна картица

τσάντα

торба

πλαστική σακούλα

пластична кеса

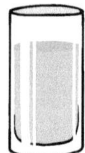

ποτά

напитци

νερό

вода

χυμός

сок

γάλα

млеко

κόκα κόλα

кола

κρασί

вино

μπίρα

пиво

αλκοόλ

алкохол

κακάο

какао

τσάι

чај

καφές

кава

εσπρέσο

еспресо

καπουτσίνο

капућино

φαγητό
јело

μπανάνα

банана

μήλο

јабука

πορτοκάλι

наранџа

πεπόνι

лубеница

λεμόνι

лимун

καρότο

шаргарепа

σκόρδο

бели лук

μπαμπού

бамбус

κρεμμύδι

лук

μανιτάρι

гљива

ξηροί καρποί

орашасти плодови

νουντλς

резанци

μακαρόνια

шпагете

ρύζι

рижа

σαλάτα

салата

πατατάκια

помфрит

τηγανητές πατάτες

печени кромпир

πίτσα

пица

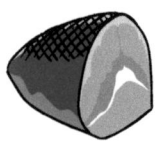

χάμπουργκερ

хамбургер

σάντουιτς

сендвич

κοτολέτα

шницла

ζαμπόν

шунка

σαλάμι

салама

λουκάνικο

кобасица

κοτόπουλο

кокош

ψητό

печење

ψάρι

риба

χυλός βρώμης

зобене пахуљице

μούσλι

мусли

κορν φλέικς

кукурузне пахуљице

αλεύρι

брашно

κρουασάν

кроасан

ψωμάκι

пециво

ψωμί

хлеб

τοστ

тоаст

μπισκότα

кекси

βούτυρο

маслац

τυρόπηγμα

свежи сир

κέικ

колач

αυγό

јаје

τηγανητό αυγό

јаје на око

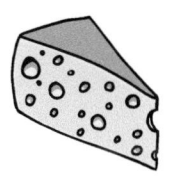

τυρί

сир

παγωτό

сладолед

ζάχαρη

шећер

μέλι

мед

μαρμελάδα

мармелада

άλλειμμα σοκολάτας

нугат крема

κάρυ

кари

αγρόκτημα

сеоско газдинство

αγρόσπιτο
сеоска кућа
αχυρώνας
амбар
δεμάτι άχυρου
бале сена
χωράφι
поље
άλογο
коњ
ρυμουλκούμενο
приколица
τρακτέρ
трактор
πουλάρι
ждребе
γάιδαρος
магарац
πρόβατο
овца
αρνί
лане

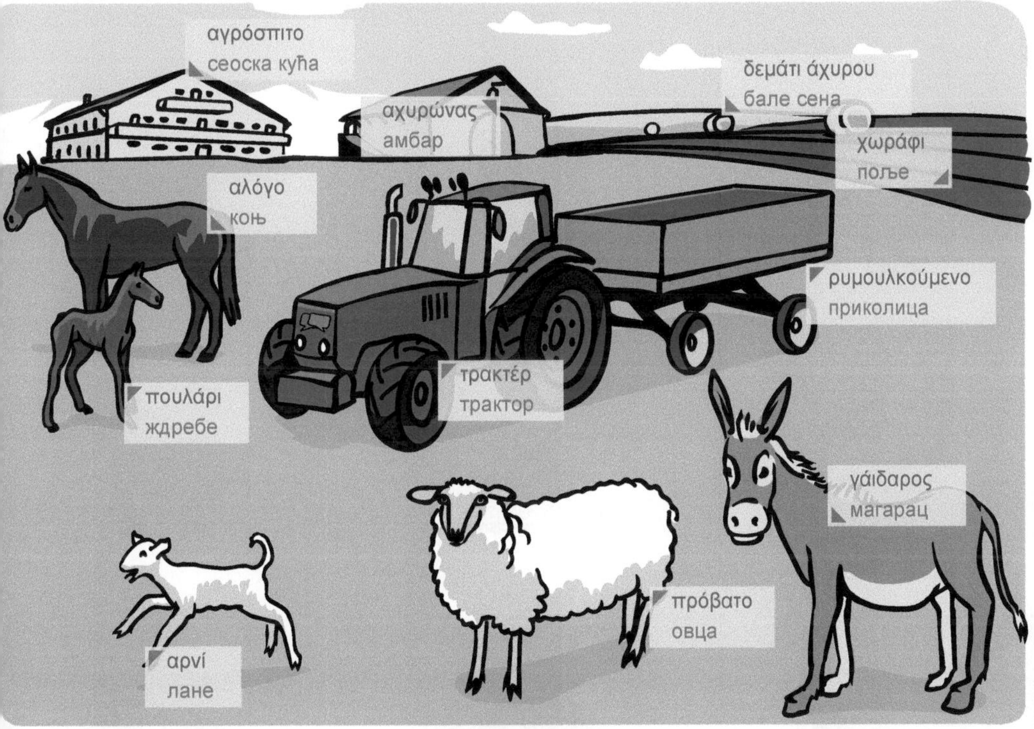

κατσίκα
коза

αγελάδα
крава

μοσχαράκι
теле

γουρούνι
свиња

γουρουνάκι
прасе

ταύρος
бик

χήνα

гуска

πάπια

патка

κοτοπουλάκι

пилићи

κότα

кокош

κόκορας

петао

αρουραίος

пацов

γάτα

мачка

ποντίκι

миш

βόδι

вол

σκύλος

пас

σπιτάκι σκύλου

кућица за пса

λάστιχο κήπου

вртно црево

ποτιστήρι

канта за поливање

θεριστήρι

коса

αλέτρι

плуг

δρεπάνι

срп

τσάπα

мотика

δίκρανο

виљушка за ђубриво

τσεκούρι

секира

χειράμαξα

тачке

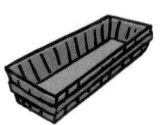

ταΐστρα

корито

δοχείο γάλακτος

посуда за млеко

σάκος

врећа

φράχτης

ограда

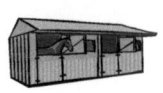

στάβλος

штала

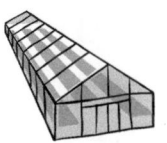

θερμοκήπιο

стакленик

έδαφος

земља

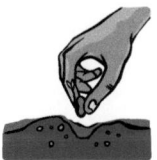

σπόρος

семе

λίπασμα

ђубриво

θεριζοαλωνιστική μηχανή

комбајн

θερίζω

жети

συγκομιδή

жетва

γιαμς

jамс зачин

σιτάρι

пшеница

σόγια

соja

πατάτα

крумпир

καλαμπόκι

кукуруз

κράμβη

уљана репица

οπωροφόρο δέντρο

воћка

μανιόκα

гомољ маниоке

δημητριακά

житарице

αγρόκτημα - сеоско газдинство

σπίτι

кућа

καμινάδα
димњак
στέγη
кров
υδρορροή
жлеб
παράθυρο
прозор
γκαράζ
гаража
κουδούνι
звоно
πόρτα
врата
σκουπιδοτενεκές
корпа за отпад
γραμματοκιβώτιο
поштанско сандуче
κήπος
врт

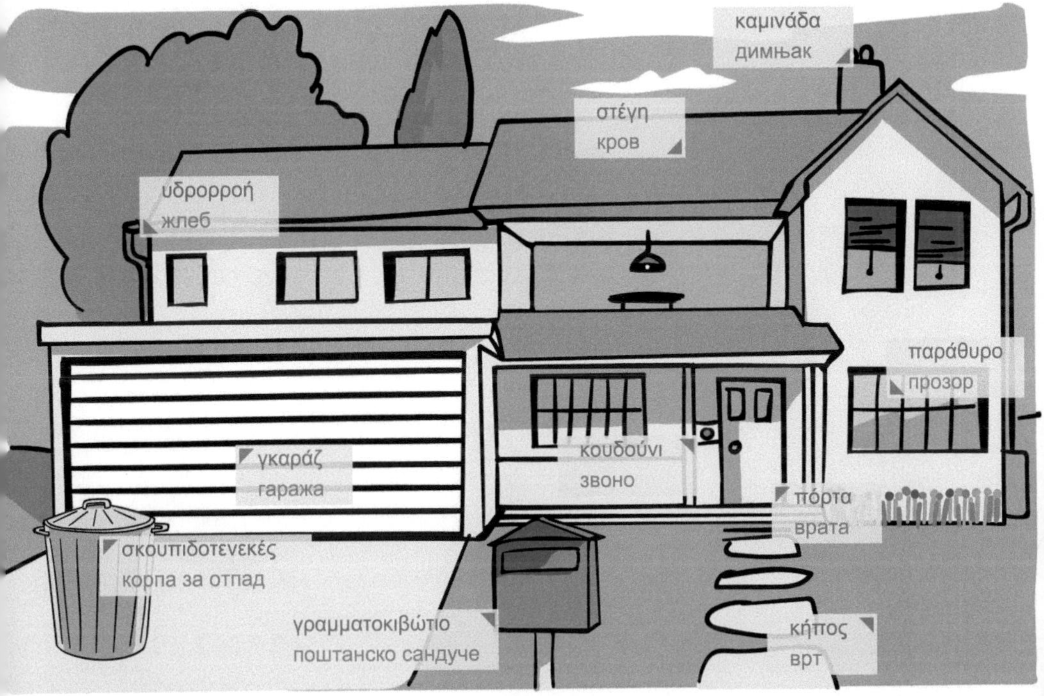

σαλόνι

дневна соба

μπάνιο

купаоница

κουζίνα

кухиња

υπνοδωμάτιο

спаваћа соба

παιδικό δωμάτιο

дечија соба

τραπεζαρία

трпезарија

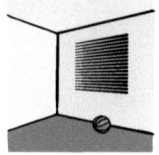

πάτωμα
под

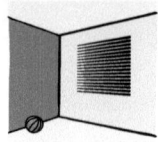

τοίχος
зид

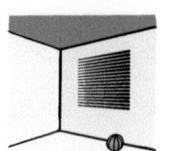

οροφή
строп

κελάρι
подрум

σάουνα
сауна

μπαλκόνι
балкон

βεράντα
тераса

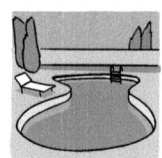

πισίνα
базен

μηχανή του γκαζόν
косилица за траву

σεντόνι
постељина за кревет

κάλυμμα κρεβατιού
дека за кревет

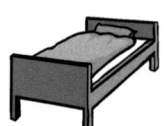

κρεβάτι
кревет

σκούπα
метла

κουβάς
канта

διακόπτης
прекидач

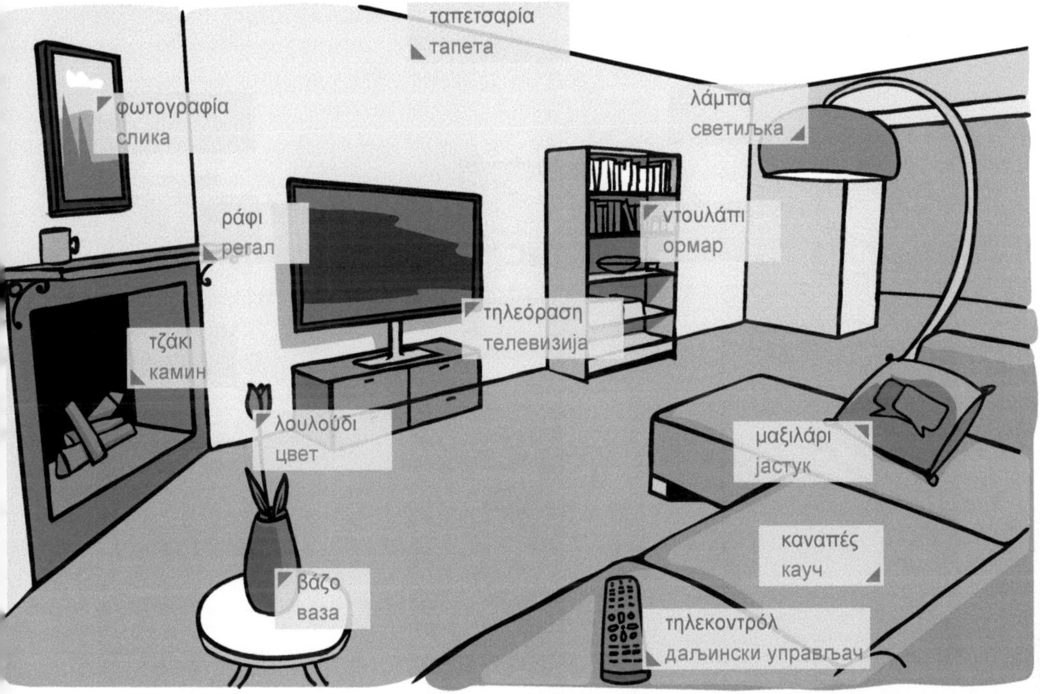

ταπετσαρία
тапета

φωτογραφία
слика

λάμπα
светиљка

ράφι
регал

ντουλάπι
ормар

τζάκι
камин

τηλεόραση
телевизија

λουλούδι
цвет

μαξιλάρι
jастук

καναπές
кауч

βάζο
ваза

τηλεκοντρόλ
даљински управљач

χαλί
тепих

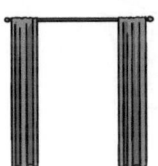

κουρτίνα
завеса

τραπέζι
сто

καρέκλα
столица

κουνιστή πολυθρόνα
столица за њихање

πολυθρόνα
фотеља

βιβλίο

књига

κουβέρτα

дека

διακόσμηση

декорација

καυσόξυλα

дрво за огрев

ταινία

филм

στερεοφωνικό σύστημα

хи-фи уређај

κλειδί

кључ

εφημερίδα

новине

πίνακας ζωγραφικής

слика на платну

αφίσα

постер

ραδιόφωνο

радио

σημειωματάριο

блок за писање

ηλεκτρική σκούπα

усисивач

κάκτος

кактус

κερί

свећа

κουζίνα
кухиња

ψυγείο
фрижидер
φούρνος μικροκυμάτων
микроталасна рерна
ζυγαριά κουζίνας
кухињска вага
τοστιέρα
тоастер
απορρυπαντικό
средство за чишћење
φούρνος
рерна
κατάψυξη
претинац за замрзавање
σκουπιδοτενεκές
корпа за отпад
πλυντήριο πιάτων
машина за прање суђа

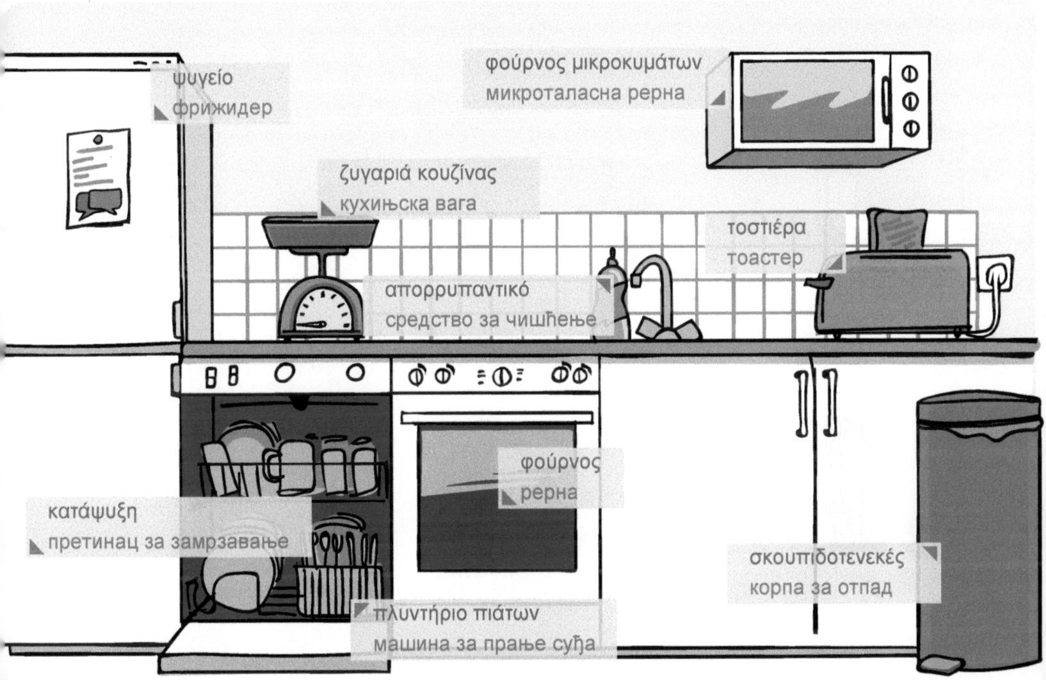

κουζίνα

шпорет

κατσαρόλα

лонац

μαντεμένια κατσαρόλα

гвоздени лонац

γουόκ/καντάι

вок / кадаи

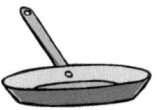

τηγάνι

тава

βραστήρας

кувало за воду

κουζίνα - кухиња 35

ατμομάγειρας

кувало на пару

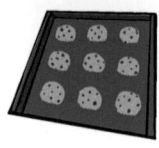

ταψί

лим за печење

πιατικά

посуђе

κούπα

чаша

μπολ

посуда

ξυλάκια

штапићи за јело

κουτάλα

кутлача

σπάτουλα

лопатица

ανακατεύω

пењача

σουρωτήρι

сито за кување

σουρωτηράκι

сито

τρίφτης

рибеж

γουδί

мужар

ψησταριά

роштиљ

ανοιχτή φωτιά

огњиште

σανίδα κοπής

даска

πλάστης

оклагија

ανοιχτήρι φελλών

вадичеп

κονσέρβα

конзерва

ανοιχτήρι κονσέρβας

отварач конзерви

γάντι φούρνου

крпа за лонац

νεροχύτης

судопер

βούρτσα

четка

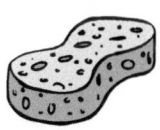

σφουγγάρι

сунђер

μπλέντερ

миксер

καταψύκτης

замрзивач

μπιμπερό

флашица за бебе

βρύση

славина за воду

μπάνιο
купаоница

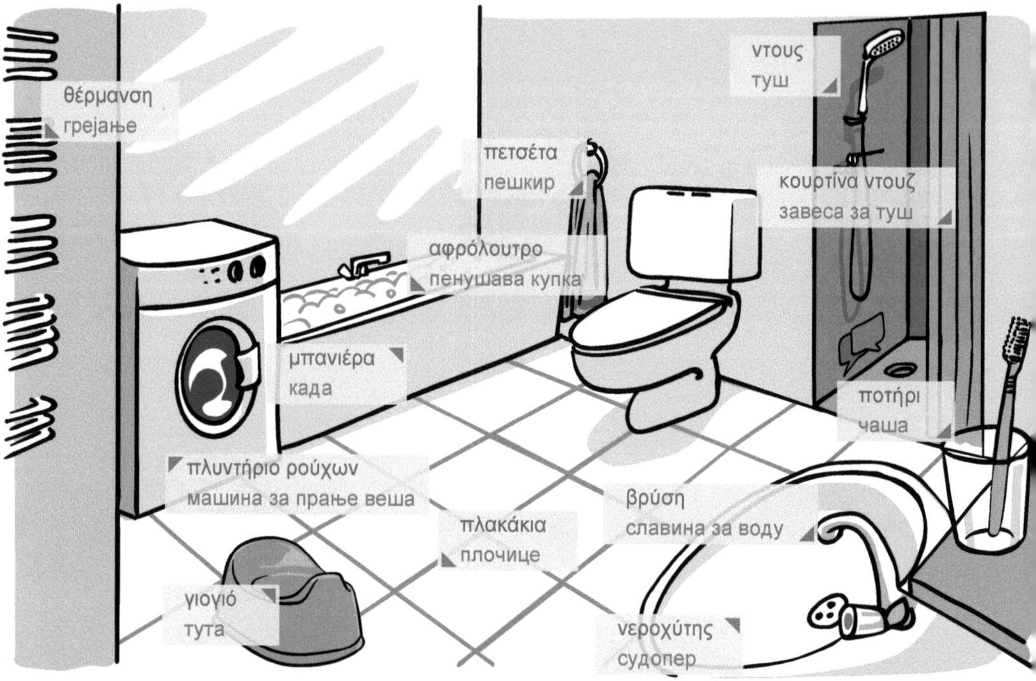

θέρμανση
грејање
ντους
туш
πετσέτα
пешкир
κουρτίνα ντουζ
завеса за туш
αφρόλουτρο
пенушава купка
μπανιέρα
када
ποτήρι
чаша
πλυντήριο ρούχων
машина за прање веша
βρύση
славина за воду
πλακάκια
плочице
γιογιό
тута
νεροχύτης
судопер

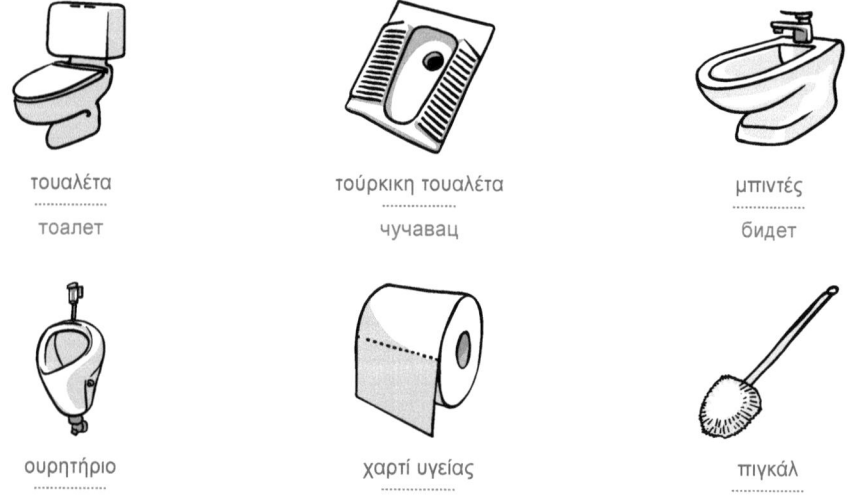

τουαλέτα
тоалет

τούρκικη τουαλέτα
чучавац

μπιντές
бидет

ουρητήριο
писоар

χαρτί υγείας
тоалетни папир

πιγκάλ
четка за тоалет

οδοντόβουρτσα

четкица за зубе

οδοντόκρεμα

паста за зубе

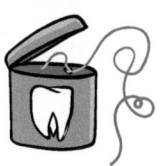

οδοντικό νήμα

конац за зубе

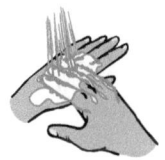

πλένω

прати

τηλέφωνο ντους

туш ручица

ντουσιέρα

туш за прање интимних делова

λεκάνη

лавор

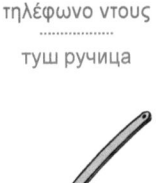

βούρτσα πλάτης

четка за прање леђа

σαπούνι

сапун

αφρόλουτρο

гел за туширање

σαμπουάν

шампон

φανέλα

крпа за прање

σιφόνι

одвод

κρέμα

крема

αποσμητικό

дезодоранс

καθρέφτης

огледало

καθρέφτης χειρός

козметичко огледало

ξυραφάκι

бријач

αφρός ξυρίσματος

пена за бријање

αφτερσέιβ

лосион за после бријања

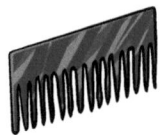

χτένα

чешаљ

βούρτσα

четка

σεσουάρ

фен за косу

λακ

спреј за косу

μακιγιάζ

шминка

κραγιόν

руж за усне

βερνίκι νυχιών

лак за нокте

βαμβάκι

вата

ψαλίδι νυχιών

маказе за нокте

άρωμα

парфем

νεσεσέρ

козметичка торбица

σκαμπό

столица

ζυγαριά

вага

μπουρνούζι

огртач

ελαστικά γάντια

рукавице за чишћење

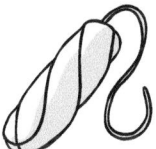

ταμπόν

тампон

πετσέτα υγιεινής

уложак

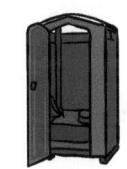

χημική τουαλέτα

хемијски тоалет

παιδικό δωμάτιο

дечија соба

ξυπνητήρι
будилник
λούτρινο ζωάκι
плишана играчка
αυτοκινητάκι
ауто играчка
κουδουνίστρα
звечка
κουκλόσπιτο
кућица за лутке
δώρο
поклон

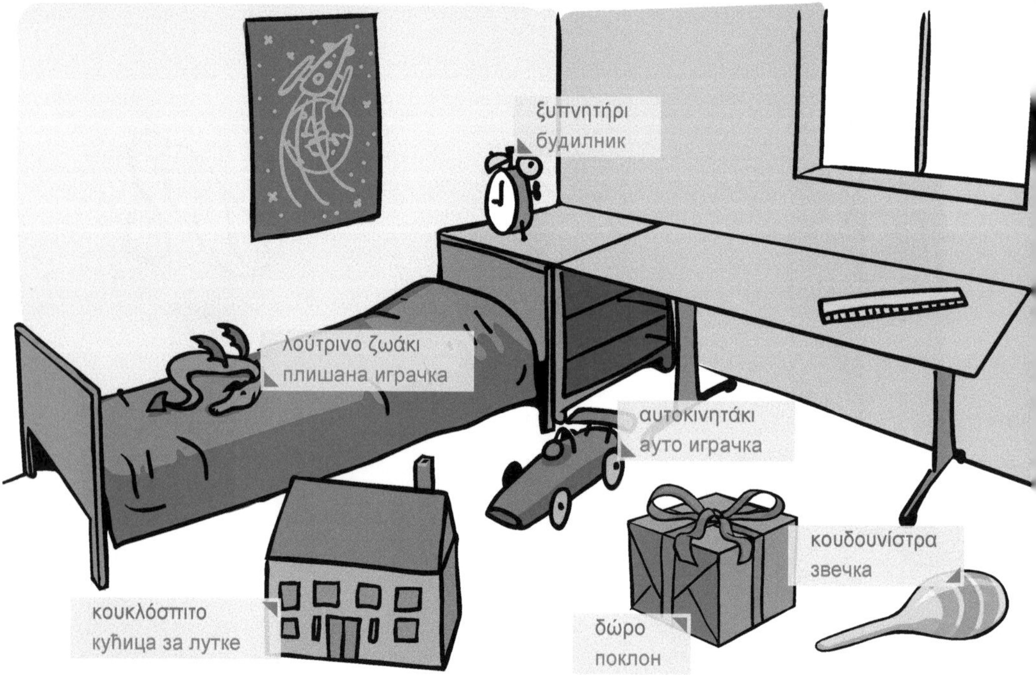

μπαλόνι

балон

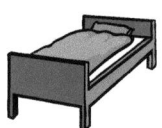

κρεβάτι

кревет

καροτσάκι

дјечија колица

τράπουλα

игра са картама

παζλ

слагалица

κόμικς

стрип

τουβλάκια lego

лего коцкице

τουβλάκια κατασκευών

коцкице за слагање

φιγούρα δράσης

акциони јунак

βρεφικό φορμάκι

бенкица за бебе

φρίσμπι

фризби

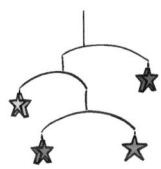

μόμπιλο

висеће играчке

επιτραπέζιο παιχνίδι

друштвене игре

ζάρια

коцка

σετ τρενάκι

минијатурна жељезница

πιπίλα

дуда

πάρτι

забава

εικονογραφημένο βιβλίο

сликовница

μπάλα

лопта

κούκλα

лутка

παίζω

играти

σκάμμα με άμμο

пешчаник

κούνια

љуљачка

παιχνίδια

играчка

κονσόλα βιντεοπαιχνιδιών

конзола за игре

τρίκυκλο

трицикл

αρκουδάκι

теди

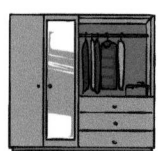

ντουλάπα

ормар

ρούχα
одећа

κάλτσες

кратке чарапе

καλτσοδέτες

чарапе

καλσόν

хулахопке

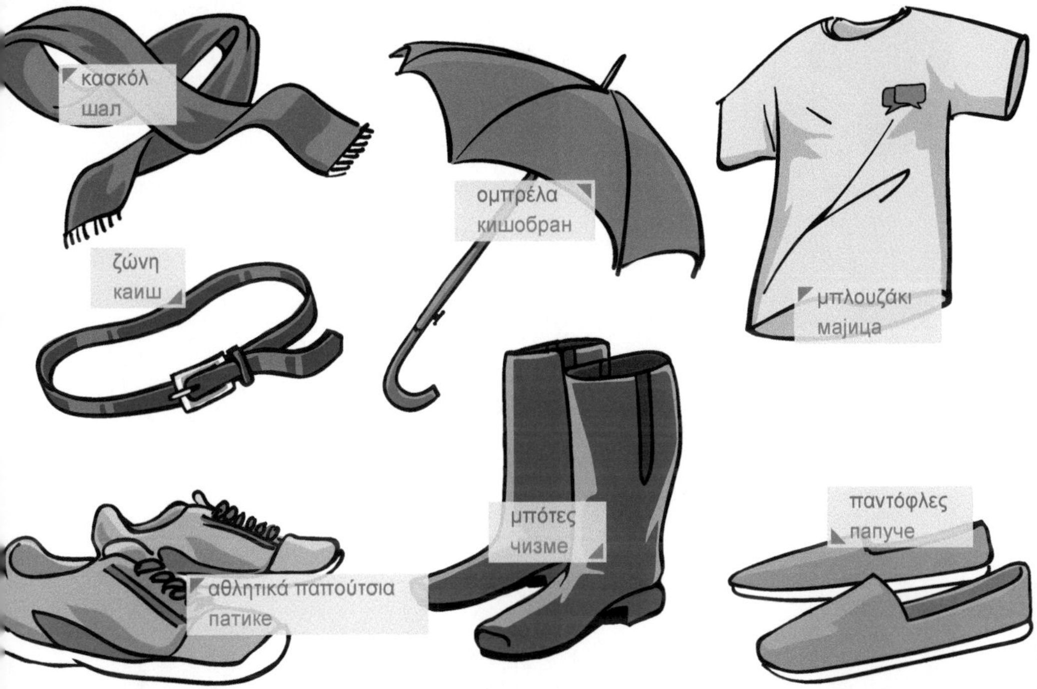

κασκόλ
шал

ζώνη
каиш

ομπρέλα
кишобран

μπλουζάκι
мајица

αθλητικά παπούτσια
патике

μπότες
чизме

παντόφλες
папуче

σανδάλια
сандале

παπούτσια
ципеле

γαλότσες
гумене чизме

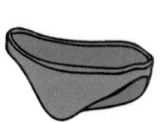
εσώρουχο
гаћице

σουτιέν
грудњак

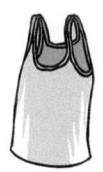
φανέλα
поткошуља

ρούχα - одећа

σώμα

боди

παντελόνι

панталоне

τζιν παντελόνι

фармерке

φούστα

сукња

μπλούζα

блуза

πουκάμισο

кошуља

πουλόβερ

џемпер

πουλόβερ

џемпер с капуљачом

σακάκι

сако

μπουφάν

јакна

παλτό

мантил

αδιάβροχο πανωφόρι

кабаница

κοστούμι

костим

φόρεμα

хаљина

νυφικό

венчаница

κοστούμι

одело

νυχτικό

спаваћица

πιτζάμες

пиџама

σάρι

сари

μαντήλι

марама за главу

τουρμπάνι

турбан

μπούρκα

бурка

καφτάνι

кафтан

μουσουλμανικό ένδυμα

абаја

ολόσωμο μαγιό

купаћи костим

ανδρικό μαγιό

купаће гаћице

σορτς

кратке панталоне

αθλητική φόρμα

одећа за тренинг

ποδιά

кецеља

γάντια

рукавице

κουμπί

дугме

γυαλιά

наочаре

βραχιόλι

наруквица

περιδέραιο

огрлица

δαχτυλίδι

прстен

σκουλαρίκι

наушница

καπέλο

капа

κρεμάστρα

вешалица

καπέλο

шешир

γραβάτα

кравата

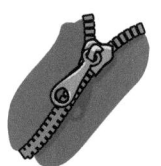

φερμουάρ

патент затварач

κράνος

кацига

τιράντες

нараменице

μαθητική στολή

школска униформа

στολή

униформа

σαλιάρα
подбрадак

πιπίλα
дуда

πάνα
пелена

γραφείο
канцеларија

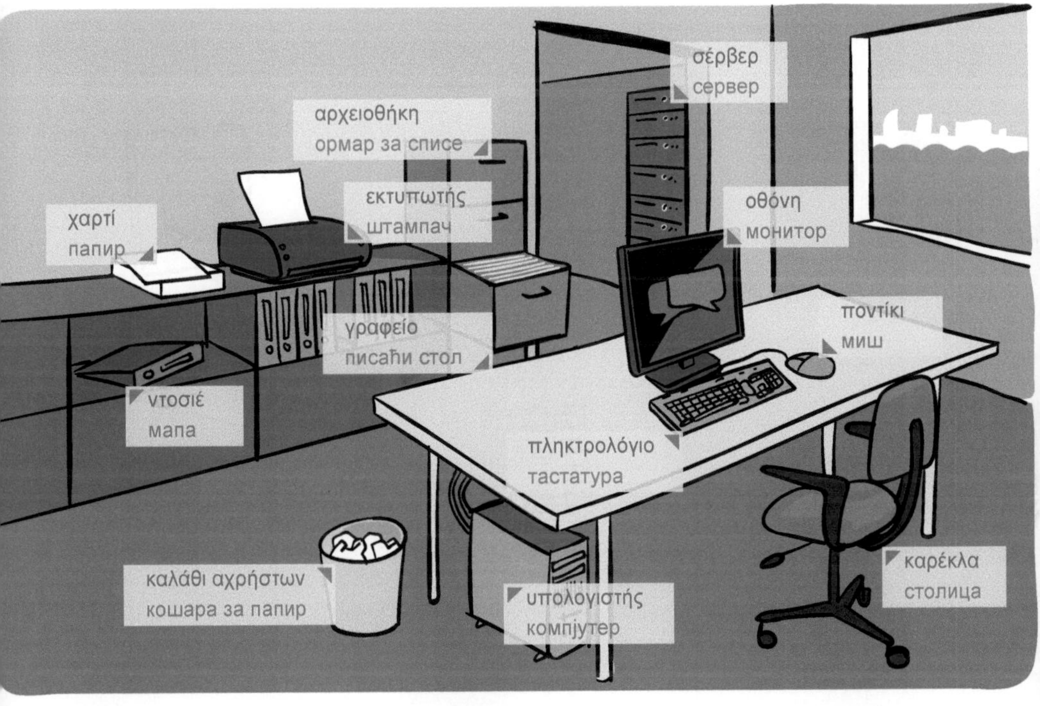

σέρβερ
сервер

αρχειοθήκη
ормар за списе

εκτυπωτής
штампач

οθόνη
монитор

χαρτί
папир

ποντίκι
миш

γραφείο
писаћи стол

ντοσιέ
мапа

πληκτρολόγιο
тастатура

καλάθι αχρήστων
кошара за папир

καρέκλα
столица

υπολογιστής
компјутер

κούπα του καφέ
шалица за каву

κομπιουτεράκι
калкулатор

ίντερνετ
интернет

λάπτοπ

лаптоп

γράμμα

писмо

μήνυμα

порука

κινητό

мобилни телефон

δίκτυο

мрежа

φωτοτυπικό μηχάνημα

уређај за копирање

λογισμικό

софтвер

τηλέφωνο

телефон

πρίζα

утичница

συσκευή φαξ

факс

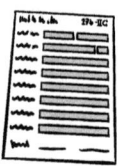

έντυπο

формулар

έγγραφο

документ

αγοράζω

купoвати

πληρώνω

платити

συναλλάσσομαι

трговати

χρήματα

новац

δολάριο

долар

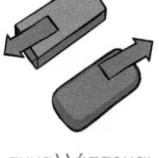

ευρώ

евро

γιεν

јен

ρούβλι

рубља

ελβετικό φράγκο

швајцарски франак

ρενμίνμπι γιουάν

ренминдби јуан

ρουπία

рупија

ATM (αυτόματη ταμειακή μηχανή)

аутомат за новац

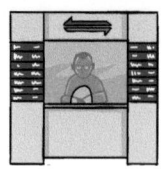

ανταλλακτήρια
συναλλάγματος
мењачница

χρυσός
злато

ασήμι
сребро

πετρέλαιο
нафта

ενέργεια
енергија

τιμή
цена

συμβόλαιο
уговор

φόρος
порез

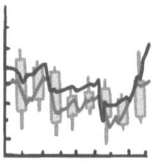

μετοχή
деонице

δουλεύω
радити

υπάλληλος
службеник

εργοδότης
послодавац

εργοστάσιο
фабрика

κατάστημα
продавница

επαγγέλματα
занимања

αστυνόμος
полицајац
πυροσβέστης
ватрогасац
μάγειρας
кувар
γιατρός
лекар
πιλότος
пилот

κηπουρός
вртлар

ξυλουργός
столар

μοδίστρα
кројачица

δικαστής
судија

χημικός
хемичар

ηθοποιός
глумац

οδηγός λεωφορείου

возач аутобуса

ταξιτζής

возач таксија

ψαράς

рибар

καθαρίστρια

чистачица

τεχνίτης στεγών

кровопокривач

σερβιτόρος

конобар

κυνηγός

ловац

ζωγράφος

сликар

αρτοποιός

пекар

ηλεκτρολόγος

електричар

οικοδόμος

грађевински радник

μηχανολόγος

инжењер

κρεοπώλης

месар

υδραυλικός

лимар

ταχυδρόμος

поштар

στρατιώτης

војник

αρχιτέκτονας

архитекта

ταμίας

благајник

ανθοπώλης

цвећар

κομμωτής

фризер

ελεγκτής εισιτηρίων

кондуктер

μηχανικός

механичар

καπετάνιος

капетан

οδοντίατρος

зубар

επιστήμονας

научник

ραβίνος

раби

ιμάμης

имам

μοναχός

монах

ιερέας

свештеник

εργαλεία

алати

σφυρί
чекић
πένσα
клешта
κατσαβίδι
одвијач
Γαλλικό κλειδί
кључ за завртње
φακός
џепна лампа

εκσκαφέας

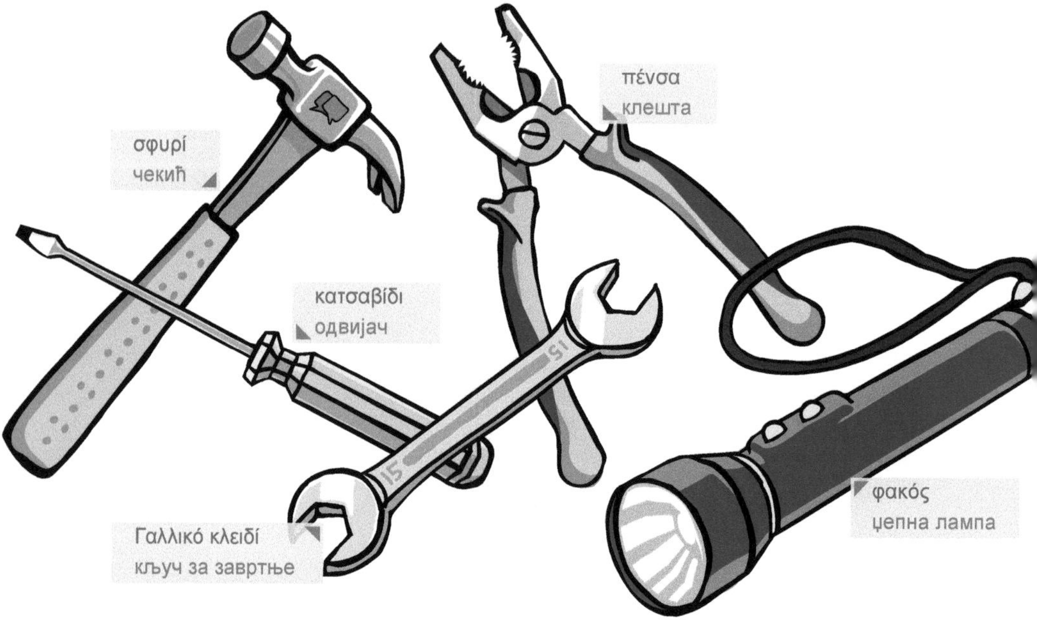

багер

εργαλειοθήκη

кутија за алат

σκάλα

мердевине

πριόνι

пила

καρφιά

ексер

τρυπάνι

бушилица

επισκευάζω

поправити

φτυάρι

лопата

Να πάρει!

до ђавола!

φαράσι

лопатица

δοχείο χρωμάτων

лонац за боју

βίδες

завртањи

μουσικά όργανα

музички инструмент

ντραμς
бубњеви

μεγάφωνο
звучник

κιθάρα
гитара

κοντραμπάσο
контрабас

τρομπέτα
труба

πιάνο

клавир

βιολί

виолина

μπάσο

бас

τύμπανα

тимпани

τύμπανο

удараљке за бубњеве

πλήκτρα

типке клавира

σαξόφωνο

саксофон

φλάουτο

флаута

μικρόφωνο

микрофон

ζωολογικός κήπος

зоолошки врт

είσοδος
улаз
τίγρης
тигар
κλουβί
кавез
ζέβρα
зебра
ζωοτροφή
храна за животиње
πάντα
панда

ζώα

животиње

ελέφαντας

слон

καγκουρό

кенгур

ρινόκερος

носорог

γορίλας

горила

αρκούδα

медвед

καμήλα

камила

στρουθοκάμηλος

ној

λιοντάρι

лав

πίθηκος

мајмун

φλαμίνγκο

фламинго

παπαγάλος

папагај

πολική αρκούδα

поларни медвед

πιγκουίνος

пингвин

καρχαρίας

ајкула

παγώνι

паун

φίδι

змија

κροκόδειλος

крокодил

φύλακας ζωολογικού κήπου

чувар у зоолошком врту

φώκια

туљан

τζάγκουαρ

јагуар

πόνυ

пони

λεοπάρδαλη

леопард

ιπποπόταμος

нилски коњ

καμηλοπάρδαλη

жирафа

αετός

орао

αγριογούρουνο

дивља свиња

ψάρι

риба

χελώνα

корњача

θαλάσσιος ίππος

морж

αλεπού

лисица

γαζέλα

газела

αθλήματα

спорт

Αμερικάνικο ποδόσφαιρο
амерички ногомет
ποδηλασία
бициклизам
αντισφαίριση
тенис
μπάσκετ
кошарка
κολύμβηση
пливање
χόκεϋ επί πάγου
хокеј на леду
бокс

ποδόσφαιρο

фудбал

μπάντμιντον

бадминтон

στίβος

атлетика

χάντμπολ

рукомет

σκι

скијање

πόλο

поло

δραστηριότητες
активности

γελάω
смејати се
πηδάω
скочити
αγκαλιάζω
загрлити
περπατάω
ићи
τραγουδάω
певати
ονειρεύομαι
сањати
προσεύχομαι
молити се
φιλάω
пољубити

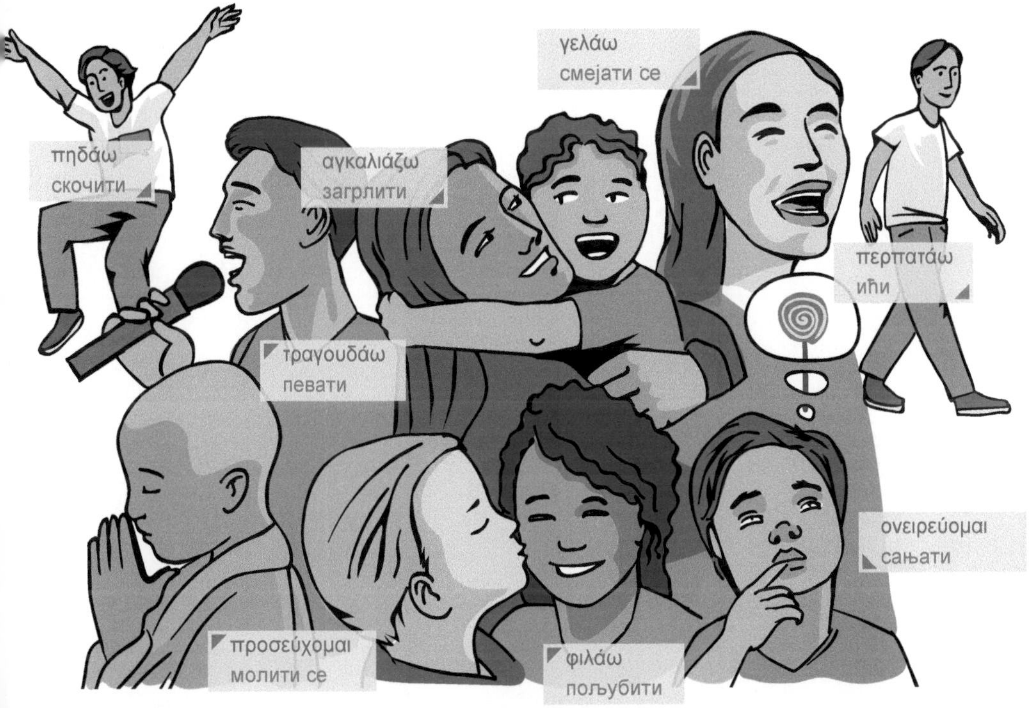

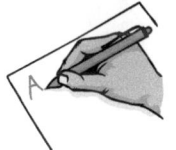

γράφω

писати

σχεδιάζω

цртати

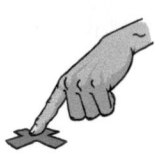

δείχνω

показати

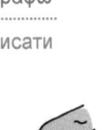

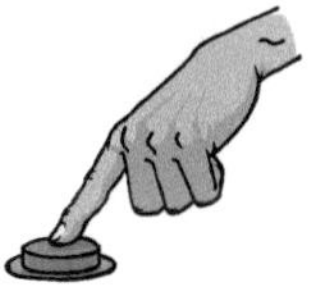

πιέζω

гурати

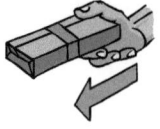

δίνω

дати

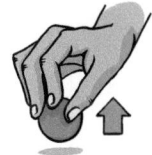

παίρνω

узети

έχω

имати

κάνω

чинити

είμαι

бити

στέκομαι

стојати

τρέχω

трчати

τραβάω

повлачити

ρίχνω

бацити

πέφτω

падати

ξαπλώνω

лежати

περιμένω

чекати

κουβαλώ

носити

κάθομαι

седити

φοράω

облачити

κοιμάμαι

спавати

ξυπνάω

пробудити се

κοιτάω

гледати

κλαίω

плакати

χαϊδεύω

миловати

χτενίζω

чешљати

μιλάω

говорити

καταλαβαίνω

разумети

ρωτάω

питати

ακούω

слушати

πίνω

пити

τρώω

јести

συγυρίζω

поспремити

αγαπάω

волети

μαγειρεύω

кухати

οδηγώ

возити

πετάω

летети

κάνω ιστιοπλοΐα

плoвити

υπολογίζω

рачунати

διαβάζω

читати

μαθαίνω

учити

δουλεύω

радити

παντρεύομαι

венчати се

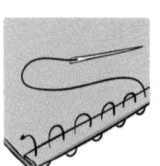

ράβω

шити

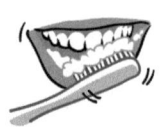

βουρτσίζω τα δόντια

прати зубе

σκοτώνω

убити

καπνίζω

пушити

στέλνω

послати

οικογένεια
породица

γιαγιά
бака
παππούς
деда
πατέρας
отац
μητέρα
мајка
μωρό
беба
κόρη
ћерка
γιος
син

καλεσμένος

гост

θεία

тетка

θείος

ујак, стриц

αδελφός

брат

αδελφή

сестра

σώμα

тело

μέτωπο
чело
μάτι
око
ώμος
раме
δάχτυλο
прст
πρόσωπο
лице
πιγούνι
брада
χέρι
рука
πόδι
нога
στήθος
груди
βραχίονας
рука

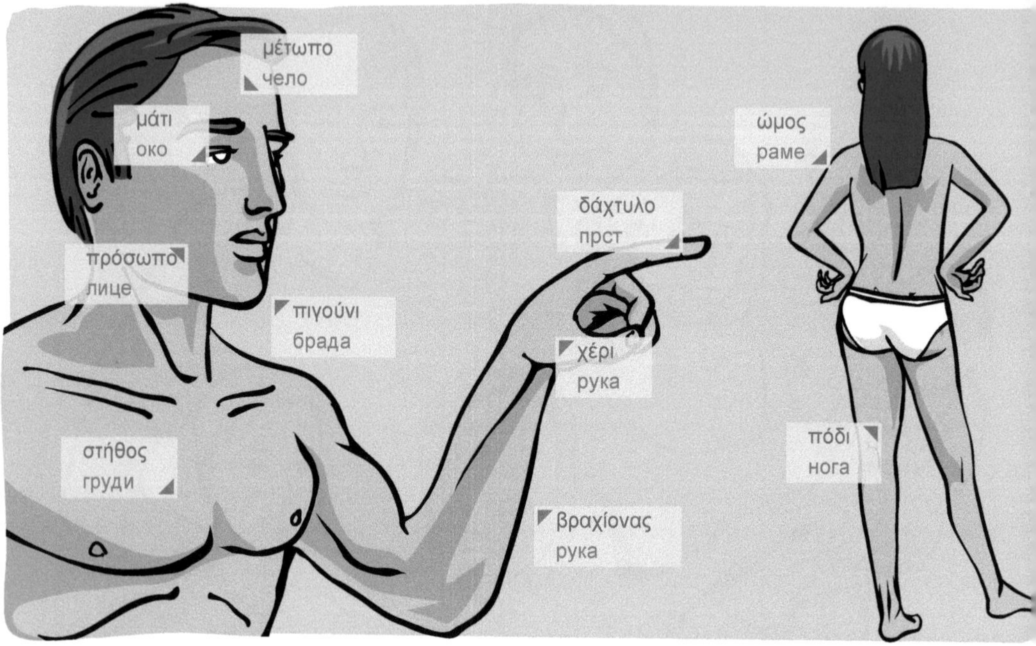

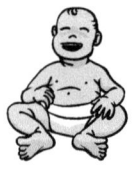

μωρό

беба

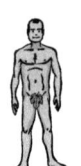

άνδρας

мушкарац

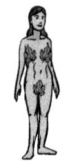

γυναίκα

жена

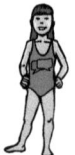

κορίτσι

девојчица

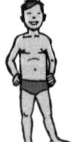

αγόρι

дечак

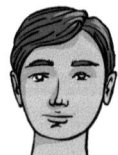

κεφάλι

глава

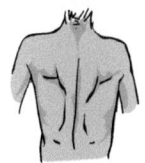

πλάτη

леђа

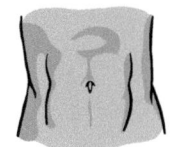

κοιλιά

стомак

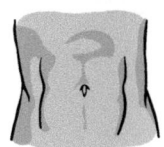

αφαλός

пупак

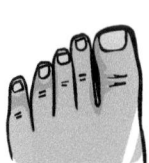

δάχτυλο ποδιού

ножни прст

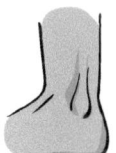

φτέρνα

пета

κόκκαλο

кост

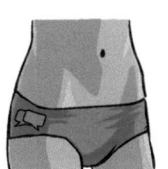

γοφός

кукови

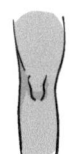

γόνατο

колено

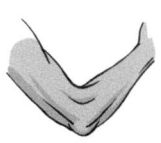

αγκώνας

лакат

μύτη

нос

γλουτός

задњица

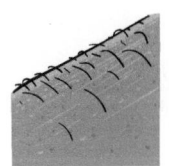

δέρμα

кожа

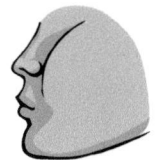

μάγουλο

образ

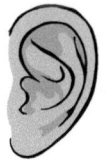

αυτί

уво

χείλος

усна

σώμα - тело

στόμα

уста

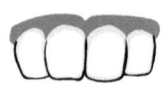

δόντι

зуб

γλώσσα

језик

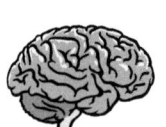

εγκέφαλος

мозак

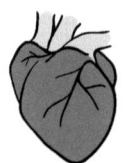

καρδιά

срце

μυς

мишић

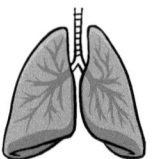

πνεύμονας

плућа

συκώτι

јетра

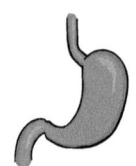

στομάχι

желудац

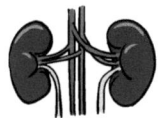

νεφρά

бубрези

σεξουαλική επαφή

полни однос

προφυλακτικό

кондом

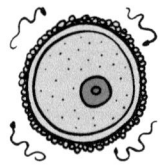

ωάριο

јајна ћелија

σπέρμα

сперма

εγκυμοσύνη

трудноћа

σώμα - тело

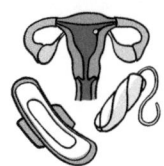

περίοδος

менструација

γυναικείος κόλπος

вагина

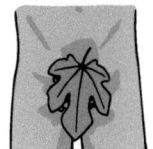

πέος

пенис

φρύδι

обрва

μαλλιά

коса

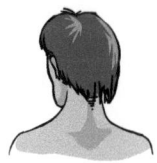

λαιμός

врат

νοσοκομείο
болница

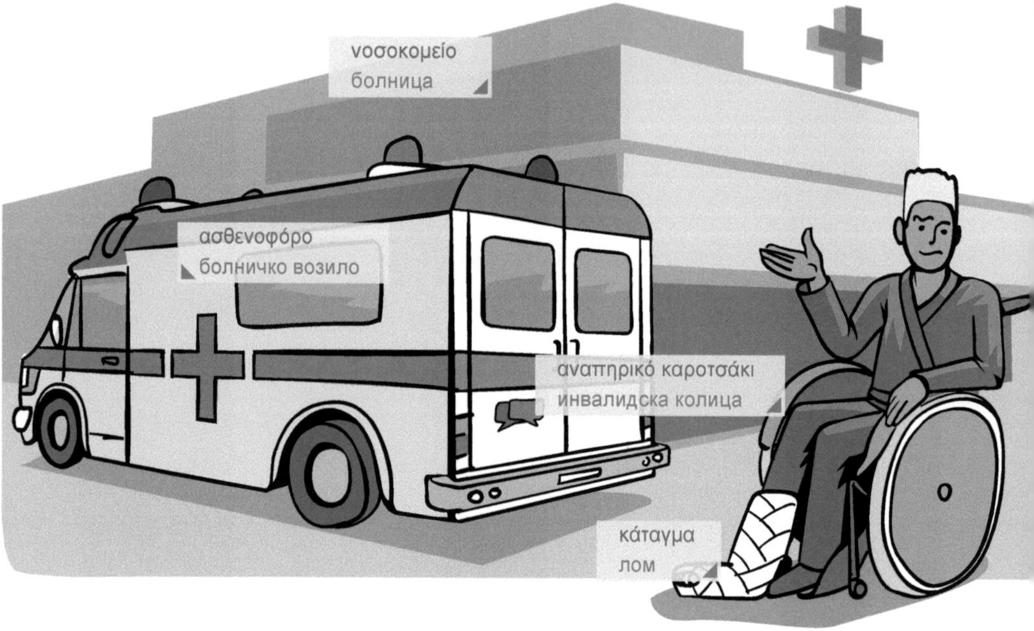

болница
ασθενοφόρο
болничко возило
αναπηρικό καροτσάκι
инвалидска колица
κάταγμα
лом

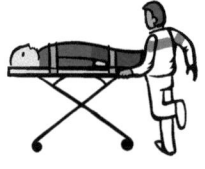

γιατρός

лекар

μονάδα εντατικής θεραπείας

хитна медицинска служба

νοσοκόμα

медицинска сестра

έκτακτη ανάγκη

хитни случај

λιπόθυμος

несвест

πόνος

бол

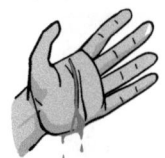

τραύμα

повреда

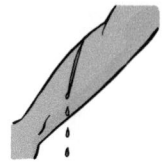

αιμορραγία

крварење

έμφραγμα

срчани удар

εγκεφαλικό

удар

αλλεργία

алергија

βήχας

кашаљ

πυρετός

грозница

γρίπη

грипа

διάρροια

пролив

πονοκέφαλος

главобоља

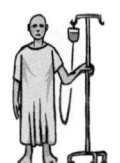

καρκίνος

рак

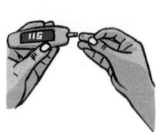

διαβήτης

дијабетес

χειρουργός

хирург

νυστέρι

скалпел

εγχείρηση

операција

αξονική τομογραφία

цт

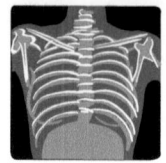

ακτινογραφία

рентген

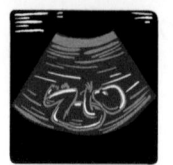

υπέρηχος

ултразвук

μάσκα

маска

ασθένεια

болест

αίθουσα αναμονής

чекаона

πατερίτσα

штака

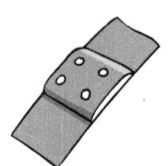

χάνσαπλαστ

фластер

επίδεσμος

завој

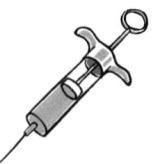

ένεση

ињекција

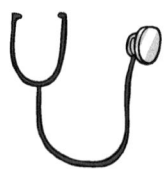

στηθοσκόπιο

стетоскоп

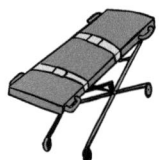

φορείο

носила

θερμόμετρο

термометар

γέννηση

рођење

υπέρβαρο

прекомерна тежина

ακουστικό βαρηκοΐας

слушни апарат

αντισηπτικό

средство за дезинфекцију

λοίμωξη

инфекција

ιός

вирус

HIV/AIDS

хив / аидс

φάρμακο

медицина

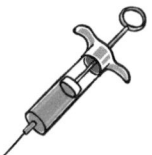

εμβολιασμός

вакцинација

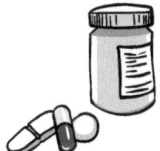

δισκία

таблете

χάπι

пилула

κλήση έκτακτης ανάγκης

хитни позив

πιεσόμετρο αίματος

уређај за мерење притиска

άρρωστος / υγιής

болесно / здраво

έκτακτη ανάγκη
хитни случај

Βοήθεια!

помоћ!

συναγερμός

аларм

βιαιοπραγία

насртај

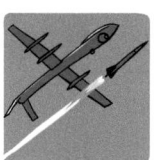

επίθεση

напад

κίνδυνος

опасност

έξοδος κινδύνου

излаз у случају нужде

Φωτιά!

пожар!

πυροσβεστήρας

противпожарни апарат

ατύχημα

незгоца

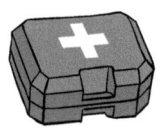

κουτί πρώτων βοηθειών

кутија прве помоћи

SOS

сос

αστυνομία

полиција

Ευρώπη

Европа

Βόρεια Αμερική

Северна Америка

Νότια Αμερική

Јужна Америка

Αφρική

Африка

Ασία

Азија

Αυστραλία

Аустралија

Ατλαντικός Ωκεανός

Атлантик

Ειρηνικός Ωκεανός

Пацифик

Ινδικός Ωκεανός

Индијски океан

Ανταρκτικός Ωκεανός

Антарктички океан

Αρκτικός Ωκεανός

Арктички океан

Βόρειος Πόλος

Северни рол

Νότιος Πόλος

Јужни рол

Ανταρκτική

Антарктик

Γη

земља

γη

земља

θάλασσα

море

νησί

оток

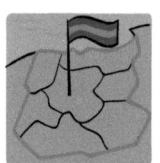

έθνος

нација

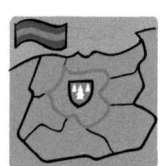

πολιτεία

држава

ρολόι
сат

καντράν ρολογιού

бројчаник сата

ωροδείκτης

сатна казаљка

λεπτοδείκτης

минутна казаљка

δείκτης δευτερολέπτων

секундна казаљка

Τι ώρα είναι;

Колико је сати?

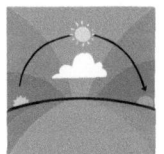

ημέρα

дан

χρόνος

време

τώρα

сада

ψηφιακό ρολόι

дигитални сат

λεπτό

минута

ώρα

час

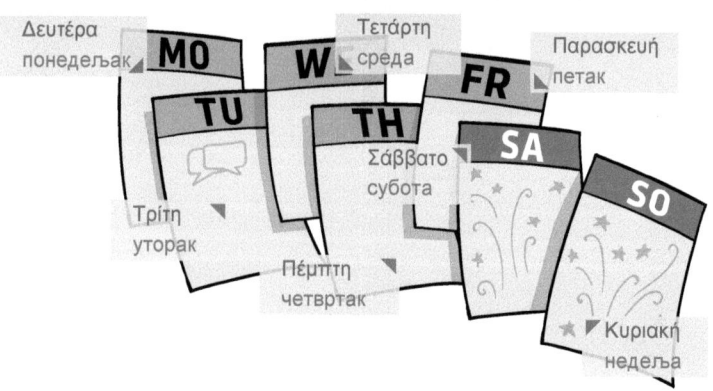

εβδομάδα

седмица

Δευτέρα
понедељак
MO
Τετάρτη
среда
W
Παρασκευή
петак
FR
TU
TH
SA
Σάββατο
субота
Τρίτη
уторак
Πέμπτη
четвртак
Κυριακή
недеља

1

χθες

јуче

2

σήμερα

данас

3

αύριο

сутра

πρωί

јутро

μεσημέρι

подне

βράδυ

вече

MO TU WE TH FR SA SU
1 2 3 4 5 6 7
8 9 10 11 12 13 14
15 16 17 18 19 20 21
22 23 24 25 26 27 28
29 30 31 1 2 3 4

εργάσιμες ημέρες

радни дани

MO TU WE TH FR SA SU
1 2 3 4 5 6 7
8 9 10 11 12 13 14
15 16 17 18 19 20 21
22 23 24 25 26 27 28
29 30 31 1 2 3 4

Σαββατοκύριακο

викенд

βροχή
киша
ουράνιο τόξο
дуга
άνεμος
ветар
χιόνι
снег
άνοιξη
пролеће
καλοκαίρι
лето
φθινόπωρο
јесен
χειμώνας
зима

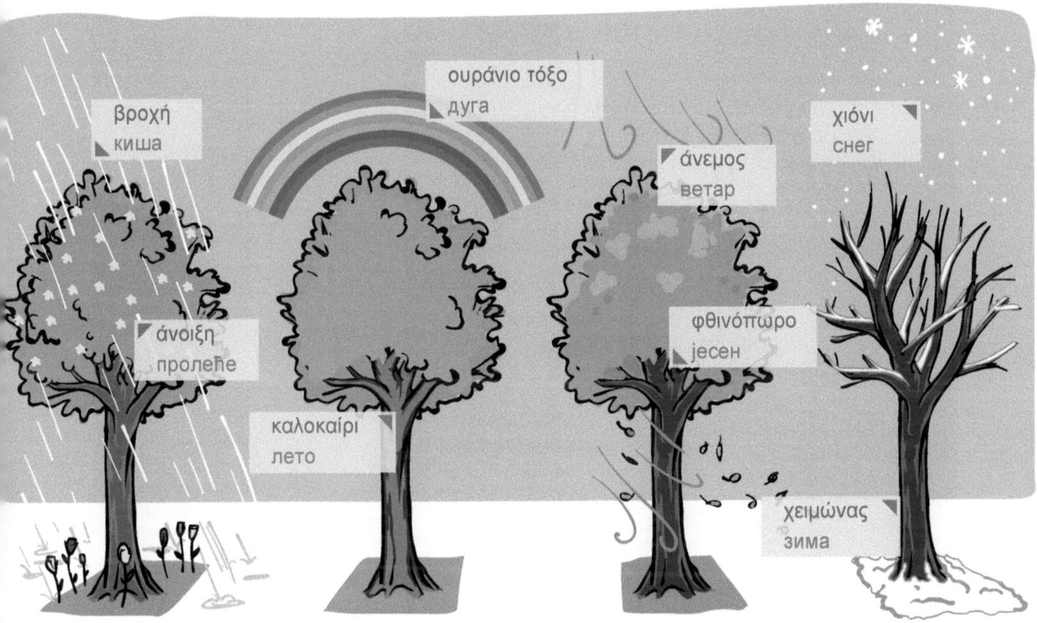

πρόγνωση καιρού

метеоролошка прогноза

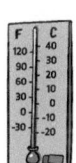

θερμόμετρο

термометар

λιακάδα

сунчана светлост

σύννεφο

облак

ομίχλη

магла

υγρασία

влажност ваздуха

αστραπή

муња

κεραυνός

грмљавина

καταιγίδα

олуја

χαλάζι

туча

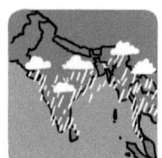

μουσώνας

монсун

πλημμύρα

поплава

πάγος

лед

Ιανουάριος

јануар

Φεβρουάριος

фебруар

Μάρτιος

март

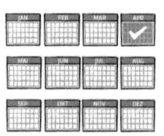

Απρίλιος

април

Μάιος

мај

Ιούνιος

јуни

Ιούλιος

јули

Αύγουστος

август

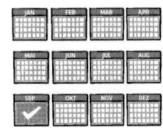

Σεπτέμβριος

септембар

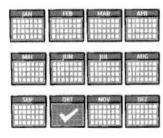

Οκτώβριος

октобар

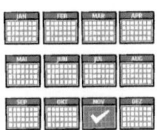

Νοέμβριος

новембар

Δεκέμβριος

децембар

σχήματα

облици

κύκλος

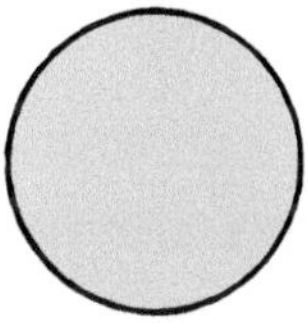

круг

τετράγωνο

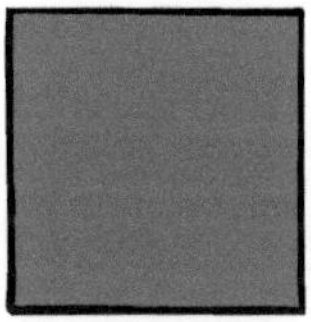

квадрат

ορθογώνιο παραλληλόγραμμο

правоугао

τρίγωνο

троугао

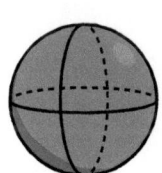

σφαίρα

кугла

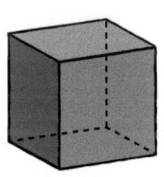

κύβος

коцка

χρώματα
боје

άσπρο

бела

κίτρινο

жута

πορτοκαλί

наранџаста

ροζ

ружичаста

κόκκινο

црвена

μωβ

љубичаста

μπλε

плава

πράσινο

зелена

καφέ

смеђа

γκρι

сива

μαύρο

црна

αντίθετα
супротности

πολύ / λίγο

много / мало

θυμωμένος / ήρεμος

љутито / мирно

όμορφος / άσχημος

лепо / ружно

αρχή / τέλος

почетак / крај

μεγάλος / μικρός

велико / малено

φωτεινός / σκοτεινός

светло / тамно

αδελφός / αδελφή

брат / сестра

καθαρός / λερωμένος

чисто / прљаво

πλήρης / ατελής

потпуно / непотпуно

ημέρα / νύχτα

дан / ноћ

νεκρός / ζωντανός

мртво / живо

φαρδύς / στενός

широко / уско

βρώσιμος / μη βρώσιμος

јестиво / нејестиво

κακός / ευγενικός

зло / добро

ενθουσιασμένος / βαριεστημένος

узбуђено / досадно

παχύς / λεπτός

дебело / мршаво

πρώτος / τελευταίος

на почетку / на крају

φίλος / εχθρός

пријатељ / непријатељ

γεμάτος / άδειος

пуно / празно

σκληρός / μαλακός

тврдо / мекано

βαρύς / ελαφρύς

тешко / лагано

πείνα / δίψα

глад / жеђ

άρρωστος / υγιής

болесно / здраво

παράνομος / νόμιμος

илегално / легално

έξυπνος / χαζός

паметно / глупо

αριστερός / δεξιός

лево / десно

κοντινός / μακρινός

близу / далеко

καινούριος / μεταχειρισμένος

ново / половно

τίποτα / κάτι

ништа / нешто

γέρος | νέος

старо / младо

αναμμένος / σβηστός

укључено / исклучено

ανοιχτός / κλειστός

отворено / затворено

χαμηλόφωνος / μεγαλόφωνος

тихо / гласно

πλούσιος / φτωχός

богато / сиромашно

σωστός / λανθασμένος

тачно / погрешно

τραχύς / λείος

храпаво / глатко

λυπημένος / χαρούμενος

тужно / сретно

κοντός / μακρύς

кратко / дуго

αργός / γρήγορος

полако / брзо

υγρός / στεγνός

мокро / сухо

ζεστός / δροσερός

топло / хладно

πόλεμος / ειρήνη

рат / мир

αριθμοί
бројеви

0

μηδέν

нула

1

ένα

један

2

δύο

два

3

τρία

три

4

τέσσερα

четири

5

πέντε

пет

6

έξι

шест

7

εφτά

седам

8

οκτώ

осам

9

εννιά

девет

10

δέκα

десет

11

έντεκα

једанаест

12

δώδεκα

дванаест

13

δεκατρία

тринаест

14

δεκατέσσερα

четрнаест

15

δεκαπέντε

петнаест

16

δεκαέξι

шестнаест

17

δεκαεφτά

седамнаест

18

δεκαοκτώ

осамнаест

19

δεκαεννέα

деветнаест

20

είκοσι

двадесет

100

εκατό

стотину

1.000

χίλια

хиљаду

1.000.000

εκατομμύριο

милион

γλώσσες
језици

Αγγλικά

енглески

Αμερικάνικα Αγγλικά

амерички енглески

Μανδαρίνικα Κινέζικα

мандарински кинески

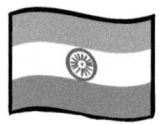

Χίντι

хиндски

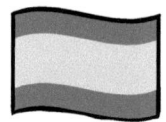

Ισπανικά

шпански

Γαλλικά

француски

Αραβικά

арапски

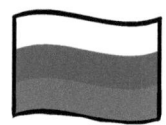

Ρώσικα

руски

Πορτογαλικά

португалски

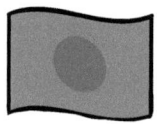

Μπενγκάλι

бенгалски

Γερμανικά

немачки

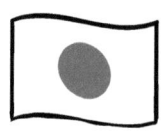

Ιαπωνικά

јапански

ποιος / τι / πως
ко / шта / како

εγώ

ja

εσύ

ти

αυτός / αυτή / αυτό

он / она / оно

εμείς

ми

εσείς

ви

αυτοί / αυτές / αυτά

они

ποιος / ποια / ποιο;

Ко?

τι;

Шта?

πώς;

Како?

πού;

Где?

πότε;

Када?

όνομα

име

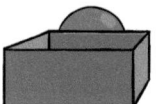

πού

где

πίσω

иза

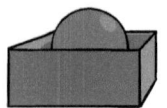

μέσα

у

μπροστά

испред

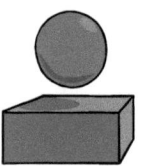

πάνω από

преко

πάνω

на

κάτω

испод

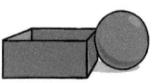

δίπλα

поред

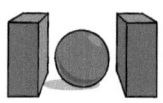

ανάμεσα

између

μέρος

место